AF240192

LETTRE

A MADAME

D***.

*En dépit de l'*Impertinent.

Dat veniam corvis, vexat censura columbas.
Juvenal, Sat. 2.

M. DCC. L.

LETTRE

A MADAME

D * * *

En dépit DE L'IMPERTINENT.

Dat veniam corvis, vexat censura columbas.
Juvenal Sat. 2.

MADAME,

Je devrois commencer par faire l'éloge de votre esprit. Vous m'en sçauriez gré, je vous tiendrois compte de votre attention, & nous ne serions peut-être pas contens l'un de l'autre. Rien, selon moi, ne peut mieux en faire l'apologie , que cet amour que vous avez pour les Belles-Lettres : Il brille aux yeux de plufieurs Sçavans. Ainfi je fupprime avec vous ce que j'employerois avec une autre femme qui n'auroit pas votre mérite.

L'on blâme fouvent ce que l'on aime le plus. Dépit amouréux ! L'on déchire aujourd'hui ce qui a fait de tous tems nos plus grandes délices , la femme d'efprit. Humeur noire de certains cerveaux échaufés d'eux-mêmes ! Jaloux des productions d'efprit de votre fexe , ils voudroient le réduire à celles des corps. S'imaginans avoir feuls droit de penfer , ils voudroient le reftraindre aux affaires domeftiques , & qu'il ne s'intéreſſât nullement à ce qui ſe paſſe dans la République des Lettres. Où eſt l'équité ? La nature n'a été barbare pour perſonne. Si elle nous eût donné quelqu'avantages ſur vous, ce ſeroit être ingrats envers elle que de nous en prévaloir. Vanter ſa ſupériorité, c'eſt la perdre, ou au moins la diminuer beaucoup. Plus équitable dans mes jugemens, reſpectant le feu divin que l'Etre a placé dans chaque ame, je ne puis m'empêcher d'être en colere, lorſque je vois le plus *vilain* de nos Satyres attaquer par de groſſieres Epigrammes la plus aimable des Muſes. Qui peindra le ſentiment avec autant de délicateſſe ! Ne vois-je pas dans la tendre Zilia, dans l'adorable Cénie les traits de candeur, de modeſtie, de grandeur d'ame, de celle qui les fait parler avec tant d'énergie, & tant de graces ? Ces traits mettent votre ſexe, Madame, à l'abri de ceux de ces Satyriques qui n'auroient plus d'eſprit, s'ils ceſſoient d'être méchans. Oui, c'eſt à regret que ces eſprits empoiſonnés voyent dans Cénie un tableau de la vertu ſuprême. Ils ne vont aux Spectacles que pour applaudir à ce qui deshonore le cœur humain. L'on les voit rire de traits qui n'ont pour tout mérite que l'art & la malignité.

Je ne ſuis pas ſurpris que l'Impertinent s'ouvre un chemin à la fortune. Il ne faut que de l'effronterie pour éblouir.

Mais puis je voir la scène en-
laidie par les portraits les plus
odieux, bien imaginés, presque
toujours faux ; portraits odieux
sans autre correctif qu'un pin-
ceau perfide qui acheve de les
noircir, en employant des cou-
leurs riantes ? Puis-je voir l'Impertinent se charger de ridicules pour cacher ses vices,
& votre sexe devenir la victime
de sa politique ?

L'on n'ose plus aujourd'hui
prendre la plume pour la dé-
fense de la vertu. Il n'y a plus
d'honneur. *L'on n'y croit guéres.*
Pour vivre heureux, il faut
croire les hommes sans juge-
ment, & les femmes sans sa-
gesse : Pour vivre heureux, il
faut ne croire qu'à soi-même,
& n'être jamais content des au-

tres. L'imprudence a droit feule de plaire. La raifon ennuye, le fentiment attrifte, les amis excédent, & les parens défefperent. Voilà, Madame, les mœurs qu'on veut nous infpirer, & je ne blâmerois pas .... Mais où mon zéle m'emporte-t-il ? Je ne prétens point critiquer une Piéce où l'impertinence femble-triompher, quelle critique pourrois-je en faire ? L'on y a voulu jouer l'Impertinent, & l'Impertinent en eft fort fatisfait. C'eft l'homme fenfé qui eft mécontent. Bon, quelle remarque ! l'on enchaîne la raifon du Public fi facilement !

Dans la Piéce du Méchant de M. de Gr*** l'on voit l'image de la bonne fociété. Un *Cléon* y joue un grand rôle ; mais un *Arifte* s'y diftingue, & a l'avantage fur le premier. Dans la petite Piéce de l'Impertinent, tout eft impertinent. L'Auteur a fi fort appréhendé de ne point affez caractérifer ce perfonnage ; que ce qu'il fait nommer fageffe aux autres, reffemble à l'impertinence. Le Public diftinguera toujours la copie d'avec l'original. L'imitateur voudroit-il recevoir un avis ? Il y a dans cette propofition de l'incivilité. Les Poëtes ne font pas naturellement dociles. N'importe, il ne faut pas fe rebuter lorfqu'il s'agit d'une converfion. D'ailleurs, les hommes font tous précepteurs les uns des autres ; fur ce chapitre ils n'ont prefque rien à fe reprocher. Le plus fçavant apprend fouvent du plus ignorant.

Si vous voulez vous faire une réputation , faites une bonne application de vos talens ; recherchez l'approbation des honnêtes gens ; adouciffez le portrait du vice par celui de la fageffe : Il eft plus difficile de peindre un homme avec des vertus , que de le peindre vicieux. Ménagez le beau fexe : Parmi nos femmes vertueufes, vous en trouverez beaucoup qui vous feront revenir des fauffes préventions que vous avez d'elles. Si vous avez le bonheur de les connoître , vous les verrez dégagées des ridicules & des foibleffes dont vous voulez les couvrir. Et le beau fexe , objet de votre critique , fera celui de votre admiration.

J'entens, Madame, cet Auteur me nommer lâche adulalateur. Armes-toi Chevalier, me dit-il d'un ton railleur, embraffe un écu *, branle fierement une lance, *pourfend* des géans, cours les champs, & fait donner la liberté à des Princeffes chimériques, en en privant de prétendus Seigneurs châtelains qui les retiennent dans des fouterreins depuis nombre d'années. Je lui répons : Vous êtes fâché que je trouve dans le monde *plus de deux femmes qui s'eftiment* par le feul principe de l'honneur. Moi fâché, repart-il fur le même ton ; je plaifante, & l'on ne peut que plaifanter. La pu-

* Bouclier.

deur va regner dans Paris; tu es un nouveau N*** exprès descendu des Cieux. M. le plaisant, plaisantez, pourvû que ce ne soit pas aux dépens du beau sexe. Que dis-je?

Les traits, Madame, partent de trop bas pour pouvoir vous atteindre. Vous vengez plus noblement votre sexe que l'on ne l'attaque. Le mépris est un mot; vous vous en servirez, aux risques de passer pour une Bourgeoise d'ancienne édition, qui ne s'ennuie pas vis-à-vis de gens raisonnables. Votre empire est assuré. Vous n'avez pas besoin de *vous entendre avec d'autres femmes.*

Un Auteur donne une petite Piéce au Théâtre sans intrigue, dans la vûe de faire briller son esprit. L'on lui pardonne. Il fait le profit des Acteurs , & amuse les gens amoureux de la nouveauté. Mais quand à quelques pensées brillantes , à quelqu'idées singulieres , il immole & raison & mœurs ; il a le désagrément d'entendre dire qu'avec de l'esprit, des talens , il est mauvais Philosophe. L'homme qui pense, qui ne juge qu'après avoir pensé, n'exagere jamais , & évite les extrêmes. L'Impertinent dit que *le Public connoît tout , excepté la vertu.* Ne pourrois-je pas dire que celui qui le fait parler ne connoît rien excepté le vice.

Le plaisir le plus grand que je connoisse, & le plus sensible pour moi , est celui de

vous aſſurer des ſentimens d'eſ-
time & de reſpect, avec leſquels
j'ai l'honneur d'être

MADAME,

Votre très-humble
& très-obéiſſant
Serviteur ******.